RECUEIL HYBRIDE

Mots opiacés

Jennie Nicoletto

Mots opiacés

Aux cœurs capables d'aimer.

Préambule

Lectrice, lecteur, vous tenez entre vos mains un recueil hybride, fruit d'une passion pour les mots. Mots opiacés n'a pas vocation à être placé dans une catégorie. Les textes présentés oscillent entre récit et poésie. Chacun contient une centaine de mots, exactement cent si l'on triche en incluant les apostrophes et tirets dans un mot. Ce choix se veut un exercice stylistique à l'instar du drabble[1]. Mon objectif repose sur la transmission d'émotions sous l'impact homogène d'une centaine de mots. Des émotions, suscitées à chaque fois par l'esquisse d'une histoire.

Je vous invite à vous laisser enivrer par ces textes moitié micronouvelle[2], moitié poésie en prose.

1. Histoire complète écrite en un nombre restreint de mots, généralement cent.
2. Récit rédigé en un nombre très court de mots.

Aucune valeur autobiographique ne doit être attribuée à ces micronouvelles poétiques qui relèvent de la fiction. La valeur peut être universelle pour vous permettre l'identification ou simplement accordée aux personnages dont la voix est tantôt féminine, tantôt masculine. Leur identité n'est jamais connue, là encore pour en appeler à votre imagination.

Si chaque micronouvelle peut être considérée individuellement, j'ai pour ma part imaginé l'ensemble du recueil comme l'évolution de la relation entre un homme et une femme, l'un brisé par l'amour, l'autre en quête d'amour. D'abord opposés tels l'ange et le démon, mais irrésistiblement attirés l'un par l'autre... Je ne vous en dévoile pas plus. Peut-être imaginerez-vous la même histoire que moi. Ou peut-être vous ferez-vous votre propre interprétation. Prenez du plaisir en recherchant les liens entre les textes. L'ordre de leur présentation fonctionne tel un fil conducteur.

Mots opiacés *s'inscrit dans la même veine que mon premier recueil* Mots passionnels, *avec une sensualité qui atteint ici l'érotisme. La littérature courte a cela de fascinant qu'elle met en lumière le plein pouvoir des mots. Quand vous fermerez ce recueil, j'espère que vous garderez dans le cœur de vibrantes émotions.*

Mots opiacés

Alliance

Il la voyait comme sa nouvelle distraction, une brebis entre ses griffes de loup. Elle ne le savait pas encore, mais elle venait de serrer la main du démon. Ses yeux vifs la scrutaient pour lui permettre d'identifier ses failles et les exploiter afin de mieux la charmer. De douces paroles portées par sa voix enjôleuse s'employaient à cajoler son esprit. Chacun de ses gestes servait l'entreprise d'amadouer sa personne. L'imagination de sa victoire se dessinait dans son sourire séducteur. Il ne le savait pas encore, mais il avait serré la main de l'ange qui aurait raison de ses péchés.

Fleur incandescente

ELLE est la vertu éduquée par le vice. Aux yeux du monde, elle affiche le visage de l'angélisme. Dans son boudoir intime, elle revêt celui de l'espièglerie. Les hommes la croient ingénue tandis que pas un secret d'alcôve ne lui est inconnu. Aussi gracieuse que fougueuse, cette flamboyante amaryllis n'obéit qu'au feu des passions, réservant ses faveurs à ceux dont elle reconnaît la grandeur d'âme. Son aimable langage recourt à un jeu implicite pour exprimer ses ardentes envies, aucunement effarouchées par l'impudeur. Si d'aventure elle vous choisit, osez saisir le flambeau de son désir afin qu'il brûle ses apparentes inhibitions.

Trouble

ELLE m'attendait, debout dans la rue, semblant attirer naturellement la lumière du soleil sur elle. Mes yeux profitèrent de son inattention pour me promener sur les contours de son corps, gracieusement dessinés. Je me plaisais à imaginer de quelle façon j'allais lui retirer sa robe pour jouir à ma guise de ses douceurs. Soudain, elle me gratifia d'un sourire lorsque son regard croisa enfin le mien. Une étrange sensation se nicha dans mon estomac. J'eus l'impression que le monde s'était arrêté à la commissure de ses lèvres. Ma belle assurance vola en éclats. Pourquoi son sourire me faisait-il cet effet ?

Interdit

ON être tombe en émoi lorsque son regard perce le mien. Cet instant suspendu dans le temps agite mon esprit, bousculé par la chaleur qui monte dans mon corps. La lueur étincelant dans ses yeux me fait l'effet d'un dangereux aveu. Je n'en ai pas le droit, mais je me prends à imaginer le goût de ses lèvres. L'innocente sympathie que je concevais se transforme soudain en un affect bien moins chaste. Je veux me préserver de ce sentiment interdit, sans réaliser qu'il est déjà ancré en moi. Cet homme n'a pas touché mon cœur, il a touché mon âme.

Séduction

Nous voici assis à la terrasse d'un bar, l'un face à l'autre. Tu flirtais d'une manière innocente, mais cela suffisait pour que je ne puisse détourner mes yeux de toi. Un sourire, un éclat de rire, une main dans les cheveux, toute ta personne m'hypnotisait. Du bout des doigts, j'osais une caresse furtive sur ton avant-bras. Ta respiration s'intensifiait. Ma gorge se nouait. Je savais que je devais initier le pas décisif afin d'aller plus loin. Le rouge sur tes joues m'attendrissait. J'étais supposé être le maître du jeu, alors pourquoi avais-je l'étrange impression d'être soumis à ton bon vouloir ?

Incendie

Un être plein d'éclat a allumé dans mon âme les braises du trouble pour y faire grandir les flammes inextinguibles du désir. Ma nature indocile se révèle domptée par les ardentes inclinations qu'il m'inspire. Je voudrais être à lui plus qu'il n'est à moi. L'ambition de devenir la vestale de ses plaisirs irradie ma chair. Rêver d'extase entre ses bras m'enfièvre. Mon esprit ne parvient plus à lutter contre les appels incessants de mon corps à libérer le feu qui l'embrasse. Jetant mes inhibitions sur l'autel de la passion, j'admets enfin cette flamboyante envie dans l'espoir qu'il me porte secours.

Le refuge des amours

IMPLANTÉ en pleine ville, un hôtel à la blanche façade accueillait les amants clandestins. Ils étaient nombreux à venir se livrer aux passions dans le secret de ses murs. Habillant les fenêtres, d'épais rideaux couleur ocre protégeaient leur intimité des regards extérieurs. À l'abri du monde, les amants dérobaient à la vie quelques moments, libérés du joug des baisers volés et des caresses voilées. Leurs cris d'ivresse ne trouvaient autre écho que la discrétion des lieux. Une fois les amants partis, les émanations matérialisées de leurs plaisirs se mouvaient dans les couloirs pour inspirer de nouveaux émois aux prochains venus.

Liaison

Ma douce amante avait les joues rougies par l'ardeur de nos ébats. La pointe de sa langue humectait timidement ses lèvres. Sa chevelure ébouriffée rendait félin son visage peint à l'image des anges. Elle me fixait de ses tendres yeux, et dans un retour de pudeur, tenait le drap du lit remonté contre sa poitrine. Malgré notre acte, rien chez elle n'inspirait le péché. Mes lèvres déposèrent un baiser sur son front avant que nous ne retrouvions nos vêtements. Dans une dernière étreinte, son parfum imprégna ma mémoire. Nous quittions séparément la chambre d'hôtel, mais mon cœur restait avec elle.

Chambre 115

CETTE nuit-là, j'ignorais encore que tu étais celui que j'attendais depuis toujours. Grisé par l'adrénaline, mon corps s'était abandonné à tes bras, mais déjà mon cœur se laissait aller à un frisson d'émotion. La tendresse de tes caresses me désarçonnait. Tu m'enlaçais, me dorlotais affectueusement. Timidement, je m'autorisais à te rendre des gestes de douceur, que tu recevais avec une encourageante simplicité. L'heure venue d'accueillir le sommeil, ta chaleur m'enveloppait. Pelotonnée contre ton torse, je fermais les yeux en me sentant envahie par un sentiment de plénitude. Au matin, plus qu'un souvenir, c'était un avenir que je voulais avec toi.

Blessures

APRÈS les cruelles désillusions de la passion, elle était celle que je n'attendais plus. L'amour m'avait anéanti et plongé dans l'amertume. Trahi avant d'être abandonné, je vouais à cette chimère un profond ressentiment. Je me perdais dans des histoires passagères où seul le plaisir comptait, faisant fi des sentiments. Puis je l'avais rencontrée. Une femme singulière parmi toutes celles que j'avais connues. À son contact, je ressentais une gaieté inattendue. J'apprenais pas à pas ce qu'était une relation vraie, authentique. Elle avait remis en état de marche mon cœur à l'arrêt. Aujourd'hui, je voulais y croire, une toute dernière fois.

Volupté

MES bas en dentelle glissent entre les mains du démon. L'un après l'autre, les pudiques atours qui couvrent mes atouts se font les instruments de sa délicieuse torture. Mes membres tressaillent à son contact. L'émoi causé par le passage de ses doigts sur ma peau trahit le feu qui anime mes entrailles. Ses caresses indécentes enflamment ma chair dont chaque parcelle implore d'être dévoilée. Échauffées par les effluves de son être, d'impures pensées consument ma raison. Mon esprit vacille sous l'irrépressible désir de le sentir outrager mon corps. À mesure que tombent mes artifices, ma vertu s'abandonne à la luxure.

Fantôme

JE guidais tes mains sur mon corps, du haut de mon torse jusqu'au-dessous de mon bas-ventre. Ma peau s'électrisait à mesure que tu la parcourais. Tu étais la sirène qui m'emportait dans un océan de plaisir. Chacune de tes courbes exquises amplifiait mon désir de ne faire plus qu'un avec toi. Je voulais désespérément te sentir mienne, te voir cambrée d'excitation par mes mouvements, t'entendre crier mon nom. Tes caresses devinrent plus empressées, mes muscles se tendirent. L'extase me gagna et m'arracha un cri guttural. Repu, j'ouvris les yeux. Ta vision se dissipa. J'aurais tant aimé que tu sois là.

Secret

Toute ma vie, j'ai rêvé d'un amour qui me transcenderait. Cet amour, je l'ai trouvé en sa personne. Pourtant, les trois mots que j'aimerais tant lui dire pèsent lourdement sur mon cœur. Je garde cette vérité secrète, incertaine de l'accueil qu'il lui ferait. La réciprocité de ses sentiments est visible dans ses yeux, seulement l'ambivalence de son comportement me désempare. Alors même qu'il s'enflamme pour moi, il maintient entre nous un invisible mur de glace. La crainte de le perdre si je l'embarrassais par mon aveu me ronge, mais je sais aussi que mon courage pourrait engendrer une joie infinie.

Peur

MA douce, je devine que tu me désires à tes côtés. Tu me trouves sûrement réservé, mais je le suis seulement pour te préserver. Les ténèbres ont fait partie de ma vie durant si longtemps que le simple risque de ternir ta lumière m'effraie. Il me serait impossible de supporter qu'un jour tu en arrives à me détester. Vivre dans un monde où tu me rejetterais serait insurmontable. Les sentiments que j'éprouve pour toi sont d'une telle intensité que je préférerais m'arracher le cœur plutôt que de connaître une nouvelle souffrance. Je te veux, tout en ayant peur de t'avoir.

Guérison

Au crépuscule de mes propres incertitudes, je réalise à présent les tourments qui t'habitent. La lumière ne peut exister sans les ténèbres, tout comme l'inverse est aussi vrai. Je possède ton corps, mais c'est ton cœur que je veux obtenir. C'est ton cœur que j'ai toujours voulu. Quoiqu'il advienne, jamais je ne causerai ton malheur ni ne t'abandonnerai. Cette inébranlable certitude est ancrée en moi. Te compter dans ma vie suffit à mon bonheur. Si tu n'as pas suffisamment confiance en toi, aie confiance en moi, car j'aurai confiance pour nous deux. Alors viens, prends ma main et soyons heureux.

Déclaration

Je ne suis pas tombé amoureux parce que je voulais tomber amoureux, mais bien parce que c'était toi. Tu as su me voir tel que j'étais. En apprenant mes faiblesses, ton estime n'a pas changé. Tes attentions sincères et répétées ont eu raison de ma carapace. Je me suis senti en confiance avec toi, libre d'être moi-même. Y compris dans les difficultés, tu es restée loyale envers moi et m'as fait prendre conscience de ma valeur. Tu m'as apporté l'affection, la compassion et la dévotion. Aujourd'hui, je peux avouer sans peur et sans détour que je t'aime, d'un amour inconditionnel.

Euphorie

Un mot de lui et tout mon être s'émerveille. Lorsque sa présence est ailleurs, mon quotidien perd de sa saveur. Il habite mes pensées le jour et mes rêves la nuit. À ses côtés, de grandes étoiles illuminent mes yeux, de même qu'un large sourire habille mes lèvres. Chaque témoignage d'affection qu'il a pour moi fait chanter mon cœur. Le bonheur m'irradie et m'enveloppe d'une douceur impalpable. Je me sens vivre en apesanteur dans un monde qui n'est plus que beauté. Une énergie nouvelle anime mon corps entier, le portant vers l'amour. Pleine d'espoir, j'attends avec impatience notre prochain rendez-vous.

Tendresse

ELLE était lovée au creux de mes bras, celle qui m'avait offert son amour et ravi mon cœur. Ce bonheur s'avérait si doux que même le plus beau des rêves n'aurait pu l'égaler. Je chérissais ce moment d'indolence, et plus encore, je la chérissais elle. Affectueusement, j'embrassais mon aimée dans le cou, profitant de ce baiser pour m'imprégner de son odeur. Puis j'entortillais entre mes doigts une de ses mèches de cheveux, avant de toucher délicatement son visage comme pour en mémoriser le tracé. Elle me souriait et c'est avec elle que je voyais apparaître le reste de ma vie.

Voyage

LES paysages de campagne baignés par le soleil couchant défilaient sous nos yeux. De pittoresques villages se succédaient parmi des étendues de forêts. Je regardai mon amant conduire du coin de l'œil. La vision de son beau profil donnait à mon cœur quelques élans. Il égarait parfois sa main sur ma cuisse. Ce contact engendrait la vive montée de mon désir intime. Je m'efforçais de conserver mon sang-froid tout en ayant l'assurance qu'il rendrait bientôt grâce à mon corps. Être avec lui m'emplissait de bonheur. Nous ne savions pas où nous allions, mais nous connaissions la route de nos amours.

Osmose

Nous étions enfin réunis, unis. Après les épreuves de la vie, nous goûtions à un équilibre harmonieux. Entre nous, c'était un accord parfait. Nos cœurs battaient à l'unisson et nos âmes vibraient à la même fréquence. Il résultait de nos différences une complémentarité idéale, de la même manière que nos ressemblances alimentaient notre entente. Une alchimie palpable se dégageait de nos deux corps accouplés. Tournés vers l'avenir, nos regards suivaient une direction commune. Le foyer que nous avions construit, imprégné d'une imperturbable quiétude, baignait dans une atmosphère chaleureuse. L'amour véritable nous protégeait. Ensemble, nous tendions nos bras à la félicité.

Jennie Nicoletto

Née en 1996 dans le Val de Loire, Jennie Nicoletto entretient depuis toujours un rapport viscéral aux mots. Enfant, elle raconte ses histoires à haute voix avant d'être en âge de les coucher sur papier.

Elle est diplômée d'une licence de Lettres modernes, d'une maîtrise de Français langue étrangère – discipline dont elle a été professeur durant une période – et d'un master en Science des patrimoines.

Autrice de textes numériques puis de *Mots passionnels*, *Mots opiacés* est son second titre imprimé.

Impression : BoD - Books on Demand, In de Tarpen 42,
Norderstedt, (Allemagne)
Impression à la demande

Dépôt légal : septembre 2023

FSC
www.fsc.org
MIXTE
Papier issu
de sources
responsables
Paper from
responsible sources
FSC® C105338